My First Romanian
Fruits & Snacks

Picture Book with English Translations

Published By: AuthorUnlock.com

Fruits

mărul

Apple

banana

Banana

cireaşa

Cherry

nuca de cocos

Coconut

smochinele

Fig

grepfrutul

Grapefruit

strugurii

Grapes

kiwi-ul

Kiwi

lămâia

Lemon

litchi

Lychee

mangoul

Mango

pepenele galben

Melon

portocala

Orange

papaya

Papaya

piersica

Peach

para

Pear

ananasul

Pineapple

pruna

Plum

zmeura

Raspberry

căpșună

Strawberry

Snacks

biscuitul

Biscuit

pâinea

Bread

untul

Butter

tort

Cake

brânza

Cheese

chipsurile

Chips

ciocolata

Chocolate

ouăle

Eggs

burgerul

Burger

mierea

Honey

îngheţata

Ice Cream

gemul

Jam

pizza

Pizza

sandvişul

Sandwich

supa

Soup

pâinea prăjită

Toast

iaurtul

Yogurt

Made in the USA
Monee, IL
14 July 2023

39284995R00026